@Srtabebi

Indomable

Diario de una chica en llamas

montena

Papel certificado por el Forest Stewardship Council®

Penguin
Random House
Grupo Editorial

Primera edición: octubre de 2017
Decimosegunda reimpresión: noviembre de 2023

© 2017, @Srtabebi
© 2017, Penguin Random House Grupo Editorial, S.A.U.
Travessera de Gràcia, 47-49. 08021 Barcelona
© 2017, Monica Loya, por las ilustraciones

Printed in Spain – Impreso en España

ISBN: 978-84-9043-880-0
Depósito legal: B-17.057-2017

Compuesto en M.I. Maquetación, S.L.
Impreso en Gráficas 94, S.L.
Sant Quirze del Vallès (Barcelona)

GT 3 8 8 0 0

La niña que jugaba con cerillas

Desde que nací, lo tuvimos claro.

El fuego y yo nos fascinamos mutuamente. Pasaba horas y horas con una caja de cerillas, encendiéndolas una a una, observando la reacción y el humo de después, oliendo a fósforo consumido. Así que él, que había vivido muchas vidas más que yo, supo mucho antes lo que ocurriría más tarde. Y la sociedad, y las personas que la componen, se dedicaron sin saberlo (o sin importarles) a preparar la bomba que explotaría años después.

El proceso de ignición comenzó muy pronto; como niña, se me negaba el acceso a muchas cosas y se me pervertía moralmente para inclinarme hacia muchas otras. Aproximadamente a los ocho años ya habían conseguido que estuviera literalmente hasta el coño de todas sus superfluas modas de juguetes y peinados. Y como en todo proceso de combustión, si la cosa se continúa calentando, acaba comenzando a arder. Así que, a los trece, ya era el proyecto de toda una bomba de relojería. Solo podía pensar en una cosa: todas esas chicas miedosas sufriendo por todas esas gilipolleces. A partir de ese momento, el proceso fue mucho más rápido. La chica que jugaba con cerillas, o sea yo, estaba a punto de explotar, preparándose para la reacción química.

En mi cabeza rondaban continuamente todas esas chicas indecisas, observando las actitudes y gestos de los demás. Pensando en qué ponerse. Peinándose durante horas. Preparándose para que nadie pudiera llamarlas imperfectas. Esperando gustar. Sonriendo sin ganas y callando sin ningunas. Todas esas chicas inseguras a las que les rompían el corazón. Que deseaban ser la mejor en algo, en lo que fuera, porque si no lo eran, definitivamente, eran la peor. Siguiendo modas a coste de cuerpo y personalidad. Estudiando el comportamiento ideal para gustar a cuanta más gente mejor. Todas esas chicas preocupadas y correctamente dubitativas me preguntaban, ya a los dieciséis: ¿no tienes miedo?

Entonces ocurrió; como en una escena a cámara lenta moví mi boca y se produjo la explosión:

«No.

»No tengo miedo».

Había sucedido. La chica que jugaba con cerillas dijo «no tengo miedo» y entonces algo explotó.

La explosión solo se escuchó dentro de mí, pero las consecuencias fueron absolutamente terribles. Todo a mi alrededor comenzó a arder a un ritmo vertiginoso:

«Estás pasándote de la raya». «No te pongas eso.» «No puedes escribir eso en una redacción.» «Pero qué haces con los labios negros.» «¿Eso es una camiseta rota con la frase "tírame a la basura"?» «Por Dios, contrólate.» «Para de hacer eso.» «No hables así.» «Todo el mundo te está mirando.» «Mira con qué cara te miran.»

Todas esas personas ponían la misma cara que pones cuando tocas una jodida olla ardiendo y te das cuenta de que acabas de quemarte el dedo. Os lo juraría en un juicio subida al estrado con mi camiseta rota.

Para entonces, no había marcha atrás. La chica que jugaba con cerillas se había convertido en una pirómana social. Llegó el momento en el que el fuego y yo nos miramos mutua y fijamente con cara de «bueno, qué hacemos ahora», y le dije: ¿Qué me das por este miedo de mierda con el que he crecido y que me han metido hasta las costillas, para que siempre piense que me falta algo y que nunca seré lo suficientemente guapa, lista, buena, divertida o perfecta?

Su oferta me gustó. Cerramos el trato. Vendí el miedo a cambio de una autoestima que no dependiera de nadie y me dediqué a observar divertida y expectante las ganas de atreverse de los demás, apostando al momento exacto en el que explotarían ellos también.

Ocurrió así. Un incendio inesperado e imparable. El instante en el que inflamable e indomable fueron desde entonces juntos de la mano.

El día en el que comencé a hacer la lista de todas las cosas a las que prender fuego.

«Me niego a vivir en el mundo ordinario como una mujer ordinaria. A establecer relaciones ordinarias. Necesito el éxtasis. Soy una neurótica. No me adaptaré a ningún mundo. Solo me adapto a mí misma.»

ANAÏS NIN

A todos los indomables

No hay que
tenerlos bien puestos
para decir lo que
todos piensan.
Hay que tenerlos
para gritar lo que
todos callan.

Escándalo

Me llaman obscena
Aquellos que se masturban
Cuando no hay nadie
Me llaman obscena
Los que follan
Mucho o poco, los que tienen o no hijos
Me llaman obscena
Los que piensan «que te follen», «cómeme los cojones», «cómeme el coño»
Los que lo piensan, pero no lo dicen
Me llaman obscena
Los que hacen el amor de mil formas
Y posturas diferentes
En unos lugares o en otros
Los que ven porno escondidos
Los que se excitan con una escena sexual en una película de sábado noche
Los que tienen deseos, para ellos «inconfesables», porque son pecaminosos, pero
los tienen
Y los imaginan
Y los disfrutan
Y los mantienen
Me llaman obscena

Y yo, basándome en aquello que decía Henry Louis Mencken —«El puritanismo es
el temor espantoso de que alguien pueda ser feliz en alguna parte»—, y haciendo
alarde de mi desvergonzada personalidad, solamente alegaré, ante el tribunal estricto
e hipócrita de la sociedad, que me juzga y me quiere condenar por obscenidad:
Sí. Soy obscena, señorías. Soy culpable.
O lo que es lo mismo
Soy feliz hacia fuera.

El conjuro

Arrugas, flacidez, arañas vasculares.
Depilación, modas capilares, manchas, pecas, lunares.
Pechos, celulitis, estrías, varices.
Altura, uñas, estilismo, me tenéis
hasta el coño
y Feminismo.

Tengo el suficiente sentido del humor como para no llorar
porque tu sentido del amor no coincida con el mío
y prefieras besar otras espaldas
y otras piernas,
y me duela lo mínimo como para olvidarme de que tengo corazón.

Tengo el suficiente sentido del humor como para no hacer de esto
una tragedia.
No tendrás tanta suerte como para que te siga esperando,
o deje de sonreír,
por el hecho de que a ti te guste jugar con dos tigresas enganchadas
a los trucos de un domador sentimental
como tú.

Tengo demasiado sentido del humor,
así que te contaré un chiste:

Van dos y no se cae nadie.
La del medio se ha ido,
levantando su dignidad
y el dedo.

 ☆ ☆ ☆

Ojos que no ven,
corazón que ~~no~~ lo siente.

Declaración de intenciones

Eres el puto césped mojado
El «prohibido pisar»
El suelo vetado por norma en el que me tiraría a mirar el cielo y a dejar que me manchara
De verde que no se va
Los pantalones.

El problema

El verdadero problema no son sus aficiones
El verdadero problema no es su orientación sexual
El verdadero problema no es su vestimenta
El verdadero problema no son sus tatuajes
El verdadero problema no es su religión
El verdadero problema no es su color
El verdadero problema no es su género
El verdadero problema no es su condición
El verdadero problema es que crees que tus opiniones hacen de los demás lo que
tú opinas de ellos
Que los demás son libres
Y que no puedes solucionar algo que no necesita solución

Jódete

El «no»

Te dolerá, hasta que tus manos crean que te sujetan muerto con los dedos.
Te oscurecerá, hasta casi apagarte las ganas de iluminar cualquier pedazo de mundo.
Te consumirá las maderas con las que hiciste de tu cuerpo tu casa.
Te encenderá la sangre y quemará tus entrañas.
Te volcará la alegría que maceraba en tus pulmones hasta encharcar tus respiros.
Te arrancará de un zarpazo todo atisbo de horizonte con suerte,
infectándote el corazón, de negativa espesa.

El «no» te enfermará de muchas formas, tendrá mil maneras de hacerte cada vez más insignificante, fútil, gris y pequeño.
Pero hay algo que nunca podrá hacer,
y es que, para mal o para bien,
aunque cambie el cómo
y el porqué,
el «no», jamás podrá conseguir,
que dejes de ser quien eres.

Sacude esa cola

Que no.
Que no es la infancia de mierda
ni son los suspensos en matemáticas.
No son las manos que he lamido fingiendo que se me podía llegar a domesticar
ni los besos que me han dado en ellas mientras me regocijaba en mi estúpida
vanidad de pseudodiosa.
No son mis miradas punzantes llenas de soberbia
ni son las vidas que he tenido
ni las que he roto.
No es la poesía
Ni es el plátano que me meto en la boca
Ni mis tacones enfadados, si no hacen ruido en la moqueta de algún hotel
al llegar.

Que no,
no son una acción, un atributo, una experiencia en concreto.
Que soy yo:

Que me gusta ser una zorra.

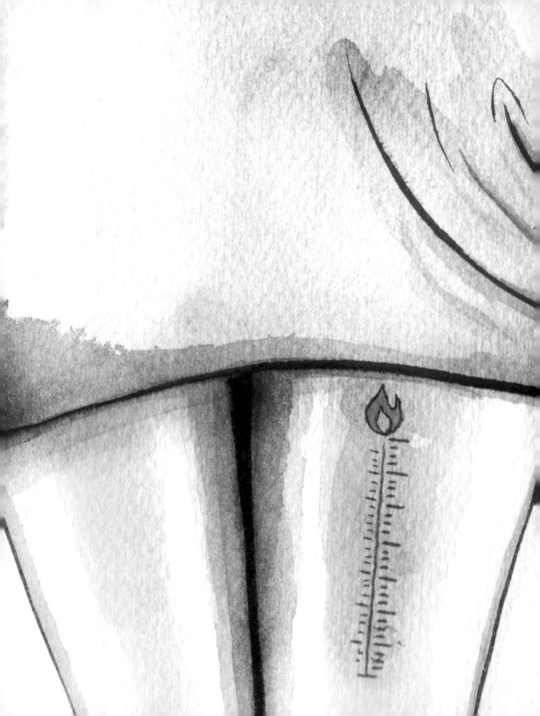

Ignición

Llevaba falda.

Iba caminando, divertida y casi feliz por aquella calle estrecha, justo en la acera derecha, al lado de una panadería que olía a azahar.

Llevaba falda, aproximadamente diez centímetros más arriba de la rodilla, me rozaba la pantorrilla con cada zancada grácil que daban mis pies. Hacía calor y llevaba falda porque era cómoda, porque tenía el vuelo exacto y me encantaban sus pliegues, su color, yo con ella. Entonces un hombre, mucho más mayor que yo, desde la acera de enfrente justo a mi altura, me gritó: «Lo que haría yo con esa faldita».

Ocurrió así; el hombre apenas sonriente, más bien serio me gritó «lo que haría yo con esa faldita».

Y me miró, con la certeza del que sabe que puede. Me miró con lascivia y prepotencia, con la mirada del señor, del dueño, del primero, autoridad, en la pirámide de poder.

Entonces yo, henchida de orgullo, me paré en la baldosa y me giré. Y con cara de soberbia, arqueando una de mis cejas, alcé mi voz prepúber y le dije alto: «No puedes hacer nada con ella, porque ni la mujer ni la falda son tuyas».

Aquel hombre enmudeció. Observé su instantánea sorpresa mientras me giraba. Casi pude sentirla mientras volvía a caminar con el mismo ímpetu que antes por la calle.

Tenía trece años. Acababa de estrenar una nueva falda y eso fue todo. En aquella calle aquel día, sucedió aquello y algo más:

Un hombre comprendió que sus improperios siempre habían tenido respuestas aunque no las hubiera escuchado nunca antes.

Una niña entendió cómo funcionaban muchas cosas.
Una niña, a partir de ese momento, decidió no callar ante ninguna de ellas.

☆ ☆ ☆

«Está enfadada
Supongo que está enfadada, porque ahora me gustas tú.
Créeme, es todo puro despecho, ya no me importa.
Esa zorra me hizo daño y ya no me importa.
Me encantaría conocerte.
Te voy a comer el coño hasta que olvides a tu ex.
Créeme, esto jamás lo hice con ella.»

Pues claro que no.
Nunca hiciste absolutamente nada con ella,
de lo que hoy haces con otras personas.
Pues claro que no, y es simple:
No se puede hacer lo que se suele hacer siempre
con alguien con quien desde el primer roce hizo saber a tu cuerpo
y a ti
que no volveríais a sentir nada parecido,
nunca.

☆ ☆ ☆

Es tan importante saber nadar, como entender que el mundo no es el mar en el que navegas:
Es el barco en el que estás subido.

Sed felices. Porque os lo merecéis. Porque la vida es una locura, pero no quiere decir que no sea maravillosa, y al fin y al cabo, los malos momentos solo son pedazos de un tiempo y espacio que se dilatan sin fin, que no permanecen si no os quedáis en ellos.

Sed felices. Porque no existe nada más valiente que alguien feliz a pesar de todo. Porque la felicidad no es una meta, es un modo. Porque para eso estáis aquí.

Sed felices. Simplemente, porque por vuestra vida cruzará muchísima gente que no querrá que lo seáis. Llevadles la contraria. No imagináis lo que molesta una sonrisa en medio de un mundo de rencores, envidias, malas caras y maldades.

Que ser feliz sea vuestra mejor y única venganza.

Sed felices.

Solo porque os lo van a poner muy difícil.

Solo por joder.

Indómita

No podéis domarme.
Porque no soy la fiera que vive enjaulada
ni la domadora a la que solo se le ha permitido conocer la vida que sus anteriores
generaciones prosiguieron.

Soy la que está en la puerta del circo,
encadenada.
Gritando que ambas
deben ser libres.

Se acabó —dijo.

Y entonces empezó.

«¿Qué es poesía?»

Dijiste mientras le quitabas
la anilla a la granada.

Jodiendo intenso

Si me vas a joder, miénteme para protegerme.
Dime que siempre me recordarás cuando me hayas olvidado.
Si me vas a joder, bésame para decirme adiós.
Fóllame hasta hacerme más daño por fuera que por dentro,
hazme saber que no puedes remediarme pero no podemos remediar que acabe.

Si me vas a joder, aunque sea una última puta vez,
aunque sea tu manera de acabar contigo y conmigo:
Jódeme intenso.

Hazlo bien.

Que no me olvide nunca de lo que has dolido.

-☆ -☆ -☆

Dos cabezas:
llenas de pájaros:

En la de él, enjauladas, las palomas de los mensajes de amor que nunca le envió.

En la de ella, los cuervos que le sacarían, por cobarde, los ojos.

La niña adjetivo

Con seis años me levantaba a mitad de la clase y me llamaban «nerviosa». Con diez años dije que me gustaba escuchar a Vivaldi, y me llamaron «rara». Con doce años dije que me costaba contener las ganas de salir corriendo, y me llamaron «agresiva». Con catorce años, que me interesaban el maquillaje y el boxeo, y me llamaron «imposible». Con dieciséis avisé de que me costaba estabilizarme, y entonces me llamaron «problemática».

Después llegó aquel día. Decidí olvidarme de los adjetivos, decidí ensordecerme cada una de las veces que alguien me definía con alguno de ellos (y sí, por supuesto que lo siguieron haciendo, la sociedad no cesó en su afán de definir, catalogar y encasillar absolutamente todo lo que hacía, decía, mostraba o prefería), pero yo no escuchaba. Dejé de oír ese ruido. Jamás volví a escuchar a ninguna de esas personas, desapareció de mi campo de visión esa gente que en algún momento me definió. Desconecté.

No hubo adjetivo.

Entonces, tras ese día definitivo, que se hizo principio, las cosas y yo acontecimos como naturalmente debíamos:

Simplemente, dejé de creer que era uno.

No malinterpretes este adiós.
No es un «tú la quieres y yo nunca podré ser ella»,
es un «tú la quieres, y yo jamás querré
ser alguien que no sea
yo misma».

No moriré por no llegar a tiempo
o no ser lo suficiente,
tranquilo,
esto no es un final de desamor.
Esto es, sin ninguna duda,
una preciosa historia
de amor propio.

❀ ❀ ❀

Ella es esa mujer que llega
y por la cual piensas
«esto me va a joder vivo».
Y entonces, la vuelves
a mirar y piensas:
A la mierda, quiero que lo haga.
Destrózame.

Pirata

Llámame puta si no me hago tuya.
Llámame zorra si me quiero más a mí.
Llámame cualquiera si no te hago caso
o fea si no me interesas lo suficiente.
Llámame estúpida, desagradecida, tonta, incompetente
guarra
calientapollas
fresca
fulana
atrevida.
Llámame gorda o escuálida cuando necesites reafirmarte,
o extremista, cuando quieras hundirme, en el mar de las morales tradicionales,
forjarme, con el hierro de tus cadenas,
y venderme, a la esclavitud de los desprecios.

Llámame loca e intenta volcarme el barco,
encharcarme las ganas de seguir, pirata y valiente a flote.

Llámame lo que quieras:
porque todo lo que me llamas significa que soy mujer,
y eso, a su vez, que jamás dejaré de remar,

y que nunca bajaré mi bandera.

Aquel día aprendí que ningún miedo mata a nadie.

Era muy pequeña, muy pequeña. Más por fuera que por dentro, eso sí, pero aprendí que no existe miedo que pueda contigo, eres tú quien lo hace, quien se convence de que no puedes con él.
Era muy pequeña y ya había aprendido que ningún miedo mata, a menos que tengas cabeza y tiempo para pensar en él. Entonces parece que no, pero sí mueres. Mueres lenta y dolorosamente, como pasa la vida. Mueres en tu espera por dejar de sentirlo, mueres en tu afán porque un día desaparezca, sin más, y mientras la vida se va y tú estás muerto.

Porque la vida pasa, sí. Aunque tú no te des cuenta, aunque vivas en una concatenación infinita de presentes, la vida pasa. Y tú ahí, temeroso, esperando a atreverte a ser valiente, pierdes la oportunidad de serlo. Y lo peor que uno puede hacer, cuando todos desaparecen, cuando parece que va a explotar el mundo y dejarlo todo hecho una mierda, cuando crees que no tienes casi fuerzas para continuar... es pensar en que tiene miedo. Porque el miedo no mata a nadie, es cierto, pero no te deja vivir.
Y aquel día, cuando era aún muy pequeña, entendí que aquello que el miedo no te dejaba hacer era, exactamente, lo único que habíamos venido a hacer.

✲ ✲ ✲

Fuma.
Tírame tu humo hasta hacerme llorar por síndrome de Stendhal,
hazme recordar tu olor a ceniza consumiéndose en cada rincón de la ciudad.
Inspira y espira
que yo vea que existes y me miras,
con ojos medio cerrados como un león salvaje intentando darme caza.

Fuma.
Me gusta la uve que formas con tus dedos
Inspírame sexo en una calada
Arráncame un abrir de boca involuntario
Ponte los ojos rojos que van a juego con mi boca.

Alice
in hopeland

Veo *ojalás* por todos los putos sitios.
En los pasillos del supermercado.
En los autobuses.
En los bancos de los parques.
En las discotecas a las seis de la mañana.
En los colegios.
En los hospitales.
En las esquinas de las calles por las que camino.

«Ojalá hubiera podido ser bombero.
Ojalá hubiera dicho todo lo que quería decir.
Ojalá hubiera pasado más tiempo con ella.
Ojalá hubiera empleado más esfuerzo.
Ojalá hubiera dicho lo que sentía.
Ojalá hubiera elegido la opción difícil.»

Veo *ojalás* por todos los rincones. Personas resignadas. Sueños destrozados. Ojos que brillan hacia dentro cegándose a sí mismos. Momentos que no volverán. Gente que no se ha aprovechado. Vidas que se han convertido en su propia antítesis. Jóvenes, mayores, personas tristes, sombras a medias.

No sabéis las terribles ganas que me entran de metamorfosear en conejo blanco, de enseñarles el reloj, de aparecer en sus sueños, acercarme y susurrar:

«La vida es tiempo,
ahora corre.
Esto, no es
un simulacro».

Dentro de un tiempo recordarás cómo
me acariciabas la espalda.

Y nunca sabrás
que me acariciabas, también,
las penas

hasta dormirlas.

✳ ✳ ✳

No nos hace falta romper ningún hielo.
Lo hemos derretido solo con mirarnos.

✳ ✳ ✳

Llevo dos noches sin dormir,
una vida sin que me griten,
cuatro trenes perdidos,
unas bragas azules y dos veranos convencida
de que la historia nos lleva a rastras, cogidos del pelo,
mientras pataleamos,
a nosotros.

Dicen que estoy trastornada. Que soy un fallo. Que la gente como yo no debería existir. Que no es lo normal. Que no reviste lógica mi comportamiento. Todos esos engullidores de normalidad y escupidores de estándares, dicen que estoy trastornada. Porque cuando ellos se asustan, yo me atrevo. Porque cuando ellos retroceden, yo corro. Porque cuando ellos se tapan los ojos, yo me río. Porque donde ellos ven muros infranqueables, yo veo una estupenda oportunidad de trepar. Porque cuando ellos destapan prejuicios, yo me destapo por dentro y me muestro humana.

Dicen que estoy trastornada. No me importan sus definiciones. Estoy totalmente desprovista de esa capacidad que te hace conferir a las opiniones de los demás la importancia suficiente como para que te incumban y modulen tu vida o tu comportamiento. Así que es muy, pero que muy probable, que eso a lo que ellos llaman estar trastornado sea lo que yo entiendo como ser libre; para crear; para trascender a lo típico; para volar por encima de las posibilidades creadas; para quitar espacio a lo que debo hacer y cederlo a lo que no se hizo nunca.

¿Estoy trastornada?

No lo sé. Quizá debería planteármelo. O quizá, simplemente, debería prever sus estúpidas miradas y dejar de extrañarme cada vez que alguien lo opina.

Así que sí, señoras y señores, personas grises, estúpidas vistas cortas y visiones simples, si así pueden respirar un poco más tranquilos lo haré constar: yo soy yo, y estoy trastornada.

Aunque creo que convenciéndome han dado un mal paso, y es un grave problema para todos ustedes, a los que les molesta y chirría en su manso cerebro mi propia existencia, porque verán…

Después de esta breve reflexión,
he llegado a la conclusión
de que creo que me gusta.

Estropicio

Tengo todos los pelos que nunca tuve en la lengua enquistados en el corazón.

*** *** ***

Todos pensaron que era hambre.
Y no cayeron en la cuenta de que tras todas las artimañas,
carreras extenuantes y disfraces de lana,
el lobo perseguía
a la oveja
solo
por un beso.

Heroínas

Atacaremos a los cimientos con una nueva educación; lo revertirán con la costumbre.

Pintaremos las paredes del color de la rabia; las revestirán con el de la opresión.

Hundiremos los espejismos en los que nos sumen; los reconstruirán nuevos manipuladores.

Enseñaremos, formaremos, pariremos, las revolucionarias, a otras revolucionarias.

Tejeremos un hilo de sororidad.

Una madeja de rabia.

Haremos todo aquello que haga falta.

Fallaremos mil veces,

nos escupirán

nos apalearán

nos quemarán las vías

nos arderán las manos

nos estrangularán las ganas.

Nos gritarán: «¡Decencia, mujeres! ¡Vergüenza, descarriadas!»

Pero no podrán cambiar el destino propio de la Justicia, cuya decisión es indefectible e inapelable.

Y por ello: sangremos, lloremos, caigamos o muramos: la lucha nos hará libres, la Justicia sentenciará a nuestro favor, la historia nos declarará heroínas.

Y entonces, ganaremos.

No me cojas cariño

que casi no me queda.

«*Arde en fuego con estusiasmo, y la gente vendrá desde lejos para verlo.*»

CHARLES WESLEY

«*A una pequeña chispa sigue una gran llama.*»

DANTE ALIGHIERI

Nada me hará
lo suficientemente
dulce como para que
me acaben comiendo.

Trastorno

No es que me guste jugar con fuego.
Es que, desde que supe que eras llama,
me descubriste la piromanía.

Ahora no paro de encenderte las cerillas, los mecheros, los fogones.
En cada esquina de cada calle, en cada rincón, en cada puta parte de mi propia
historia, busco encenderte
otra vez.

Persisto en mi trastorno.
Porque el problema no reside en que te quemes.
El problema comienza, precisamente,

cuando no te importa empezar a arder.

☆ ☆ ☆

Tengo la sensación de que si preguntamos de quién es la culpa de que al final
nunca nada sucediera,
cuando abramos la boca para contestar:
«Tuya, fue tuya, aunque no lo dije, yo te quería»,
no vamos a decir nada.

Nos vamos a besar.

Me he levantado con ganas de buscarte,
mirarte a la cara,
arrancarte la lengua de un mordisco,
escupirte en los ojos,
hacerte sangrar de un zarpazo,
adornarte con luces de neón, colgarte de un puente boca abajo,
y lanzarte al agua.
Apuñalarte hasta que te desangres y pintarme los labios rojo intenso
mientras te saco el corazón, y lo desgarro con la fuerza y la rabia que solo
concierne a aquel que ha querido lo suficiente como para odiar después.

Me he despertado nerviosa y ansiosa,
deseando hacerte daño.

Y no lo haré.

Porque no puedes matar a alguien para que muera en tu mente.
Porque es hipócrita.
Porque cuando piensas en dañar a alguien que te ha hecho daño, no buscas
herirle a él,
sino curarte

a ti.

El golpe en la mesa

Esta tarde, mientras participaba en un seminario de investigación, he debatido sobre criminalización de conductas con cinco hombres. Éramos un grupo de seis personas: cinco hombres doctos, investigadores, muy hábiles todos ellos y por otro lado una mujer (yo). Durante los cinco primeros minutos han expuesto sus pareceres y opiniones. Yo también lo he intentado, pero me han cortado algo así como dos veces. Después han pasado unos cuantos minutos más y ha sucedido lo mismo, otras dos veces. Cada intento mío por hablar quedaba en un balbuceo débil que no llegaba a una palabra completa. Entonces, cansada de que no se me escuchara, he dado un golpe en la mesa y he gritado: «Soy una mujer y quiero hablar».

Así, tal cual.

Ellos se han callado y me han mirado, conscientes de que me ignoraban durante un buen rato sin pensar, claro, que era algo deleznable, porque yo era una mujer. Una mujer acostumbrada a intentar hablar sin ser escuchada a la primera (y mucho menos, la primera); una mujer acostumbrada a que sus opiniones sean tildadas de infantiles, fútiles o graciosas; una mujer cuyas opiniones han sido consideradas históricamente hormonales, histéricas o insignificantes. Yo, una mujer, he dado con mi puño en la mesa y he gritado: «Soy una mujer y quiero hablar». Y se ha hecho el silencio unos segundos.

Después, he resoplado fuerte. Uno de ellos ha sonreído en señal de camaradería, a pesar de que lo hayan educado, inconscientemente o no, para ignorarme en pro de sus compañeros masculinos. Y todos (los cinco) me han mirado, callados. Entonces otro de ellos ha dicho: es verdad.

«Es verdad.»

Porque si yo no llego a hacerlo, habrían seguido pensando que el que yo tuviera posibilidad de tener opinión; o de tener una buena opinión; o una útil opinión; o ganas de dar mi opinión personal tras escuchar las suyas, habría sido muy poco probable —por ser yo mujer—, y no se habrían dado ni cuenta de que «era verdad» que yo quería también hablar. Que incluso, tenía algo que decir.

Hoy he dado un golpe en la mesa y he chillado. Porque sé que muchas mujeres se sienten identificadas. Porque no quiero ser un hombre ni quiero tener «ideas de hombre». Porque ser una mujer decidida no es tener carácter de hombre. Porque ser brava o fuerte no es ser masculina. Porque ser valiente no es tener hombría. Porque quiero que podamos ser mujeres sin sentir vergüenza porque esta sociedad piense y nos inserte en la cabeza que ser mujer es lo que a la sociedad le conviene. Porque quiero. Y punto.
Hoy he dado un golpe en la mesa.
Y pienso dar los golpes que haga falta en todas las mesas que se me pongan delante.

⚚ ⚚ ⚚

Voy a hacerle caso al corazón.
Y va a ser al tuyo.

⚚ ⚚ ⚚

La gente siempre te hará daño
alguna vez.
El dolor forma parte de la vida.

Lo importante es que tú sepas
quién lo hace sin querer
y quién lo hace sin quererte.

Necesarias

Hace falta gritar. Hace falta luchar por lo que crees justo. Hace falta romper
barreras, romper paredes, romper prejuicios. Hace falta romper con lo
establecido. Porque todo está mal, muy mal. Nosotros estamos mal. La sociedad
está mal. La vida está mal.
Hace falta que todos se den cuenta de lo mal que está todo.
Hace falta gente valiente que ponga valiente a la gente que todavía no sabe que lo es.
Así que, empieza. Hoy mismo.
Que nadie te calle. Recuérdalo.

Hacen falta luchadores.
Hacen falta personas que sean
exactamente,
como tú.

Confesión

Voy a ser franca:
Tú no me has dejado de importar.
Pero, cielo:
Yo tampoco me he dejado de querer.

Desde aquel día juro, con la certitud del que lo ha vivido, que la vida habla.

Lo recuerdo como si hubiera ocurrido hace solo tres segundos. Aquel día en el
que las cosas, nosotros y los sentimientos se invirtieron, descubrí que a veces,
la vida te coloca en un sitio para más tarde ponerte justo en el opuesto.
Después, un silencio. Algo se rompe, interno, un resquebrajo, un agujero negro
en el pecho donde la materia se inhibe a sí misma.
Tú esperas ahogarte, pero no lo haces.
Entonces, desde el lado en el que siempre habías estado, casi asegurando que
es ella la que está enfrente, la escuchas, cínica y burlona:

«¿Ves, lo que se sentía desde este?».

※ ※ ※

Todos los que escribimos y leemos sobre amor,
haciendo los gilipollas
por y gracias a esa persona que justo no leerá jamás lo que escribimos y leemos,
tenemos en nuestras manos la esencia misma de este mundo de mierda.
En las guerras, en los sistemas de poder, en las relaciones.

Es absolutamente sencillo y todo se resume en eso:
un mundo repleto de gilipollas, matando a y por otros gilipollas, oprimiendo a
y por otros gilipollas, escribiendo a y por otros gilipollas, leyendo lo que otros
gilipollas escriben sobre otros gilipollas.

Podría ponerse un cartel de bienvenida que rezara, exacto:

«Bienvenidos, a la Tierra:
gilipollas, sufriendo, por otros gilipollas».

※ ※ ※

En tu cama hice muchas cosas que jamás
ocurrieron.
Ya tenemos una respuesta para todo aquel que pregunte:
Sí.
Definitivamente, lo imaginado también puede
romperte el corazón.

Pódium

Acabamos esto como quien se despide de un adiós ya pactado.
Porque siempre lo fue y siempre lo supimos.
Nuestra historia es un final, desde el principio de la misma.

Y eso es todo, que te diría que eres de mis favoritos,
que fuiste de los duros,
que ablandaste a la más dura de todas.
Pero no, porque compararte sería bajarte al suelo,
y contigo jamás lo toqué si no fue con la rodilla al ras.

No eres de mis favoritos.
Eres el que provocó el ranking,
el pódium que jamás me importó.
El infinito.
La décima
centésima
y milésima de todos los decimales, de cada uno de los números que fueron antes
o después, de ti.
Eres
el que jamás patinó en ninguna de mis curvas.
La ciencia matemática, el patrón que hizo que tuviera claro cómo poner, bien
numerados, en comparación a tus parámetros,
a todos los demás kamikazes.

Puede morder

Una mañana de resaca sentimental, después de hacer recuento de todos los heridos que había causado, se aceptó y asumió su condición.

Descubrió que era su propio peligro, que nadie podía hacerle más daño que ella misma y que, sabiendo el sufrimiento que causaba y *se* causaba, no se permitiría seguir destrozando a los demás, al menos sin advertir antes de los destrozos.

Entonces, decidió colgar el cartel en la puerta:

«Cuidado con la perra».

Siniestro total

Era el principio de todo el desastre.
Tú me miraste, encendido y atrevido y dijiste:
«Será mejor que no juegues con fuego».
Yo ya sabía que no era la destinataria de esa advertencia, que sin querer, algo en ti
te prevenía.

La parte de uno mismo a la que no escuchabas, sordo por mis susurros,
ya corría desesperada
y sonaban las sirenas de emergencia
por todas las calles de tu cuerpo.

No olías el gas que desprendía mi aliento,
ni sentías el silencio que precede a la explosión.

Así fue, una autoadvertencia de la que no tenías constancia.
Era claramente imposible ser yo la quemada.
Te avisabas a ti mismo, subconsciente,
ciego por mis ojos
y distraído por alguna que otra cosa de mi cuerpo.
Tú y la historia de nuestro siniestro total aún no lo sabíais.

Pero estaba claro, estaba definitivamente claro,
que el fuego era yo.

*- *- *-

Lo que más jode de estar loca
es no saber nunca discernir
si realmente está loco por ti

o solo le has contagiado.

Niña cerilla

Estoy ardiendo.
Me miran con el ceño que surge cuando huele a quemado y no sabes dónde está
el foco.
La gente, por la calle, me ve los escombros.
Algunos me soplan las cenizas. No entienden que solo las cambian de lugar,
pero son mías, son todas mías. Me pertenecen, las he creado, las he sufrido, las he
llorado, las he tenido entre mis dedos con las heridas incandescentes.

Estoy ardiendo. Ya no sé cómo decirlo, cómo explicar este proceso en el que la
piel se me encoge,
en el que las córneas me explotan de rabia.
Cómo acabar reducida a la nada y dejar de ser llama.
Cómo calmar la ebullición.
Cómo sanar las ampollas de los que han intentado sacarme,
salvarme de mí misma entre escozor e impotencia.

La gente me dice «Apágate: ¿no ves que te consumes?; ¿no ves que ardes
descontrolada?; ¿no te duele verte hoguera?».
¡No puedo explicarlo! ¡No quise ser ascua ni luz! ¡No quise ser mi propia
desgracia! y sin embargo, ¡ardo! ¿No veis que no me apago? ¿No veis que esta
combustión no conoce tregua?

No hay solución. Este es mi estado,
esta soy yo.
Ya no sé cómo evitarlo,
ya no sé cómo empezó,
ya no sé justificarme ni taparme ni abrirme los pulmones.

Solo quiero consumirme.
Quedarme quieta, reducirme, hacerme humo,
que venga el viento
que se apaguen mis ascuas
y que allí, desaparecidas mi ignición y yo,
olvidado mi fuego,
aquellos que avistaron la llama; vean las manchas negras en la tierra,
no se pregunten nada y vuelvan, entonces, sin cuestionar,
siguiendo el curso de las cosas,
resolviendo el sino de mí misma,
a pisarme.

Él me quiere follar
y yo quiero que le follen.
Estamos hechos
el uno para el otro.

Existe un instante, quizá
más definitivo que aquel
que transcurre cuando alguien
escupe en la dignidad de otro.
Es el instante en el que
el escupido se levanta,
para demostrar que aún
puede hacer uso de ella.

Destrucción

Aquí sigo:
Esperando a que llegues a cien kilómetros hora
y aterrice en mi estómago tu bola de demolición.

Después de todo, y de un tiempo soportando mi propio peso,
duele estar de pie, sola, descalza

fingidamente digna,

encima de nuestros escombros.

Me siento como la perra que siempre he sido:
lamiendo cualquiera de los dedos que me tocan.
Haciéndolo simple
y gimiendo de dolor cada noche, cuando se apagan las luces, por aquella mano
que me dio de comer
y que yo, por miedo,
por el estúpido miedo de querer a quien me quería,
mordí.

Como siempre, la misma historia:
Los que tienen tanto miedo a perder
haciendo daño
a quien se arriesga a hacerlo.

Arriesga ahora

En cuestión de amor,
a veces, «más vale tarde que nunca»
no funciona.

En cuestión de amor,
a veces, tarde
es nunca.

* * *

Te vas a sentir solo.
Muchas veces, créeme.
Será cuando más necesites compañía. En un momento de negros y oscuros.
Una mala época, una etapa asfixiante, una crisis, una pérdida. Una desaparición
espontánea de alegría o un secuestro de la misma inesperado, cuyo rescate
ya no tengas ni ganas de pagar.
Te sentirás solo también en situaciones en las que, teóricamente, no deberías hacerlo.
A veces lo harás caminando con muchísima gente a tu alrededor. Te sentirás
solo en una fiesta llena de música y gente pasándolo bien. Incluso bailando tú,
también, podrás sentirlo. Puede que lo hagas cuando exactamente, por cualquier
circunstancia que se precie, todos te digan «estoy contigo», «me tienes aquí»,
«estaré a tu lado». Puede que lo hagas escuchando una canción, puede que
mientras cuentas un chiste en medio de personas que te escuchan. Que te quieren.
Lo harás muchas veces, créeme. Pero sentir y estar son verbos distintos.
Y para darse cuenta de ello solo hace falta mirarse en el espejo, tocarse la cara, y
sonreír a la persona que, siempre que lloras, llora contigo; siempre que suspiras,
suspira contigo; siempre que sonríes, te devuelve la sonrisa.
Efectivamente, te vas a sentir solo. Muchas veces.

Y no. No lo estarás jamás.

La inflexión

Ocurrió sin que nadie ni nada lo esperara.
Así, un día, entre portales,
después de un tiempo sin vernos y mientras nos reíamos,
tú me enseñaste las sonrisas de otras mujeres.
Me narraste sus historias,
me contaste cómo las besaste por primera vez,
cómo las hiciste un poco tuyas,
cómo les gustaba pertenecerte
debajo.
Cómo te habías, por fin, enamorado.

Así, un día, entre portales,
mis ojos avecinaron tormenta.
Te hiciste hombre
me hice pedazos
se me debilitaron los huesos y se me aflojaron los músculos
y tuve que soltar todos los futuros alternativos
contigo
que apretaba entre las manos.

Del revés

¿Recuerdas el primer beso?
Lloraba.
Tú me acariciabas la mejilla.
Me querías.
Y yo necesitaba que alguien me quisiera.

Ahora, después de tanto tiempo
(sobre todo cuando me emborracho, hace frío o he tenido un día de mierda),
también me acuerdo, algunas noches, del último.

Fue inesperado e intenso, como al fin y al cabo lo son todos los finales.
Todo estaba entonces del revés:
Tú ya no necesitabas que yo te quisiera.
Y yo también lloraba, como la primera vez:
Pero por ti.

Y por dentro.

Milagro

No se puede dejar de creer en el amor.
Porque el amor es algo que existe independientemente de que tú
te cagues en él,
y en todos tus jodidos putos muertos.
Existe y sigue ahí, metiéndote el dedo en el ojo
no importa lo que te llore o lo que te enfade su existencia.
Existe independientemente de que el otro se vaya
y te deje solo y creas que jamás volverás a sentir lo mismo por nadie más.
Existe aunque tú no tengas ningunas ganas de volver a amar a alguien,
aunque dudes muy seriamente de que algún día vuelvas a hacerlo.

No se puede dejar de creer en el amor.
Pero te juro que el día en el que, inopinadamente,
de repente, dejamos de ser,
casi obro el milagro.
Casi,
pero no.
Porque no se puede dejar
de creer en el amor.

A joderse.

Patriarcado

Dentro de cada mujer, como matrioskas rusas, existe un coño, que no es el coño que se aloja en el bajo vientre, sino que yace dentro de su cabeza, separado en dos hemisferios que nada entienden de género.

Dentro de cada mujer, existe un coño que piensa,
que escucha, que habla, que siente,
que pare hijos cada día,
que llora sangre en cada letra
y que, cada instante, durante toda su vida:

es escupido
antes
de ser violado.

Circular

Eras circular.
Como las historias que vuelven a empezar sin cesar, con diferente
guion y puesta en escena pero mismo argumento.
Como el Karma
El Dharma
El amor
y todo lo que se devuelve cuando se ha dado.
Circular como la boca de la copa en la que bebía el alcohol
que me pedían las verdades que descubrí
la noche que te mostraste con tu forma verdadera.
Como la rueda de la fortuna.
Como la suerte o las casualidades o la vida.
Como tus ojos y los míos,
debiera haberlo sabido.
Como los finales bien escritos que te dejan con sabor a principio
pero tristeza por saber que terminan.
Eras circular y yo no lo supe hasta que te vi de lejos y pude observarte real
ojiplática.
Incrédula ante lo que la vida me mostraba.
Tú eras circular, eras todo lo que jamás quise pensar que serías.

Ahora lo entiendo y me veo mirando hacia atrás en la historia
y siento pena de mí misma
esperándote, incansable, en cada una de las esquinas que formaban el cuadrado
que siempre imaginé que fuiste.

«Nunca nadie supo plantar flores en un corazón tan árido y seco como el mío.
Y ahora que lo hiciste, y te fuiste, voy a tener que llorar mares para regarlas.»

LII - Amor y asco, @Srtabebi

Seca.

No había
nada.

Esparciste todo el abono que habías guardado en tus manos
y entonces yo, mala hierba que florece cada vez que está a punto de morir,
lloré.
Me regué.
Me hice raíz.
Gracias
por las semillas.

Estado estomacal

Me has dejado todas las mariposas
en formato capullo.

-☆ -☆ -☆

«Te quiero despeinada y enferma
Te quiero sin maquillar, sudando, borracha
Con las medias rotas
Te quiero en pijama
Te quiero con ojeras y con los labios cortados
Te quiero en tus peores días
Te quiero al natural.»

Seguís sin entender una mierda.
No queremos que nos queráis sin nada.
No nos importa
cómo nos queráis.
Nos valdría con un *«te quiero queriéndote e importándote una mierda lo que yo quiera»*
y un silencio, después, infinito.

Queremos
empezar a querernos
nosotras.

La función

La magia es real.
Tiene piernas y brazos
y dedos que te tocan y te hacen sonar tu mejor melodía.
Tiene pelo y ojos que te miran, deseando que descubras
todos los trucos.
La magia huele a perfume que nunca te gustó pero ahora te recuerda que el mundo
puede ser un lugar mejor.
La magia te dice:
«Déjate ir
que es mejor para los dos
que yo no quiero hacerte daño
que dicen que no existo que no
creas en mí.
Que soy cosa de niños que se inventan realidades mejores que las que viven».
La magia existe.
Y te besa sin saber que no es solo una función.
Que detrás del telón tú serías el conejo blanco
una y otra
y otra
vez.

Hoy ha sido un día feliz.

He bebido café sin pasarme,
me he reído de mí misma sin pasarme,
he disfrutado de las vistas que hay hacia la felicidad,
he contado chistes sexuales de manera poco sutil,
he comido de manera también muy poco sutil,
he querido a mi madre, a mi manera
todo iba bien, sin pasarse.

Luego, me he lavado los dientes, me he metido en la cama
y me he quedado muy quieta, casi inmóvil, al sentir cómo tu recuerdo
me abrazaba las costillas
y volvía a besarme el cuello con la nariz.

Las niñas que fui amaban saltar a la comba
sentir cómo les botaba el encéfalo y así dejar
de imaginar un rato cómo sería otra vida.

Veían con las manos
y se las lavaban continuamente
en cada lavabo
de cada lugar al que nadie las acompañaba.

Todas soñaban algún día con ser mujeres sin escrúpulos
sacar sus metralletas
apuntar a los genios y obligarles a cumplir cuatro deseos
porque tres no daban para todo.

Las niñas que fui gritaban
potentes,
impertérritas ante su guerra,
desde el más recóndito alveolo
que nadie podría nunca con ellas.

Pero todas, absolutamente
todas las niñas,
todas las noches,

quisieron morirse.

Lo más importante que aprendí en mi infancia,
no me lo enseñó el colegio.

Lo más importante que aprendí en mi infancia, de la infancia,
me lo enseñó mi cama
y puede resumirse en lo siguiente:

Ningún niño debería
nunca
temblar.

Yo estaba sola y me bastaba conmigo. Repetía una y otra vez «No necesito a nadie que no me necesite a mí». Y me encantaba cómo sonaba en los oídos de los demás, incuestionable.

Tenía muchos lemas y todos me hacían ganadora, e incluso cuando me necesitaron, a veces, tampoco los necesité.
No busqué a nadie que me pudiera ayudar, cuando la vida me dio de hostias y me dejó mil noches con el cuerpo dolorido, pensando desesperada en cuánto tardaban en desaparecer las inflamaciones de alma.
Yo me aferré a mi propia mano, que fue la única que siempre estuvo conmigo. Caminé descalza por el fuego del Infierno, instaurada en mi soberbia. Sobrada de valentía. Henchida de fuerza. Salvaje.

Me fabriqué a mí como mi propia arma. Me creé, peligrosa y dañina. Y me escribí la mala de la mayoría de las historias que moldeé a mi propio gusto y acabé cuando me cansaron.

Luego, apareciste tú.
Y yo seguí siendo una mujer de armas tomar, créeme, una ya nace fácil para disparar y difícil de pisar.

Solo que apareciste tú, y ocurrió aquello tan extraño:

Empecé a pensar
                    demasiado
                              los disparos.

Me dijiste

«Nadie te hará daño».

Por favor,

vuelve a ser alguien.

Cenizas

No me hables de amor.

Yo lloré hasta dormirme,

por un beso que

sí

di.

No tememos al fuego,
sino al viento
de después.
Ese, que se
lleva las cenizas
a las que aún nos
aferramos.

Karma

El karma es algo así como darte cuenta tras muchas copas,
cachondo perdido y a punto de marcar un número
que sabes que contestará,
de que disfrutar de cada una de las miradas que te echan encima
enfrente
o debajo
no hará que te miren como ella.

Jamás, nunca,
hará que te miren
como ella.

Después de la noticia

Lloré tanto, tanto, tanto
siendo yo tan fría,
que llegué a pensar que, en mi otra vida, fui una bolsa de guisantes, recién salida
del congelador.
Goteando sin parar.
Derritiéndose.
Apretando un esguince de tobillo que dolía y latía en caliente.

Dolía y latía, igual que lo que se había roto
dentro de mis costillas.

Identidad exoimpuesta

Dejé de ser *una niña buena*
justo en el preciso instante
en el que comencé a querer ser una niña

libre.

Mujer ceniza

A veces, querría:
destaparme los miedos del pecho,
arrancarme las pestañas y los ojos,
quedarme ciega de vida
y salir a la calle, despojada de engaños, liberada de mentiras y sonrisas que finjo
todo el tiempo, desde que me enseñaron a ser feliz, como si fuera sumar,
a decir, con el pecho de par en par abierto en canal y los ojos y el falso orgullo en
la mano, sangrando:

Miradme.

Esta muerta en vida
esta lápida en pie
este fango
seco
esta mierda
es lo que soy.

━❦ ━❦ ━❦

Tuvo muchas mujeres con las que acostarse y despertar,
pero solo una mujer de sus sueños.

Y eso le marca a cualquiera
la forma de cerrar los ojos.

Me veo ahora, incapaz de recordar lo que pasó y sintiendo que está lo suficientemente lejos como para no llegar a tocarme. Sin acordarme de tus miradas. Porque no las encuentro. Se han perdido en una historia que acabó hace mucho tiempo.

Creo que el amor es también una etapa. Que de nosotros (y de la vida) depende que dure más o que dure menos.

Y que por eso mismo que es el amor jamás se olvida. Porque la vida se construye de esas mismas etapas que nos construyen a nosotros mismos como personas.

Y es por ello que sé que tú fuiste una etapa importante en mi mierda de existencia. Porque de ti salí otra, más mujer que nunca pero con una niña llorando hasta atragantarse dentro. Callada pero gritando que jamás echaría tanto de menos a alguien en silencio.

Y eso es todo.

Creo que el problema es que te encontré cuando todo estaba perdido.

Creo que tuve una increíble mala suerte al dejar que me cuidaras para luego irte.

Creo que me di cuenta de que calladita en cuestión de sentimientos no estoy más guapa,

sino más gilipollas.

Save the wild flowers

He vuelto al barrio.
Queriendo dormir como una niña en la acera.
He vuelto a sonreír a los que me sujetaban el culo saltando las vallas.
A recordar a los que no están; a algunos me los ha robado la vida, a otros me los
ha robado el Estado.
He vuelto a imaginar a los aviones lanzando policías que dan más miedo
que las bombas.
He visto a sus hijos, que escandalizan a las madres *de bien*, con sus hijos *de correcto*,
que pasan por las calles de enfrente.
He vuelto.
A su olor a gasolina quemada. A sus ventanas con rejas antirredadas. A sus ojos de
gitana vieja.

A verlas barrer el polvo de los portales,
a verlos vender el polvo tras las puertas.
Al arte. A la amistad verdadera que te dan los años.
He vuelto al barrio porque nunca te vas del sitio que te asignó la historia.
Porque las flores salvajes jamás se olvidan de la basura, de las esquinas,
que le sirvió de abono
a sus raíces.

No pienso olvidarme de ti.

Me quedaré aquí esperando a ver pasar la vida y algún que otro amor
que me ponga la venda y no cure la herida,
que me achique el agua y no consiga que flote,
que me ponga la tierra y no me crezca la semilla.

No pienso olvidarme de ti.
No voy a dejar que toda esta catástrofe que ha sucedido, por no saber querernos
bien, me haga dejar de quererte a mi manera,
nos haga dejar de recordar la arena que bajó del reloj, al que juntos dimos la vuelta,
que armó la tormenta que escocía en los ojos y al que ya se le terminó el tiempo.

No voy a olvidarme de ti.
Ni de tu boca de cañón ni de tus dedos que apretaban cada uno de mis gatillos.
Ni de tu olor a pólvora y tu sabor a muerte que resucita a los que creen que están
vivos. Ni de tu voz –pum– directa a los pulmones.

No voy a olvidarme de ti.
Porque fuiste una enfermedad crónica sin la que ya no sé convivir con la vida.
Porque ya no sé ver al amor si no es a través de tus ojos ni de tus manos
apretándome contra el colchón.
Porque me siento una niña intentando hacer unos deberes
que ni quiere ni puede
y nadie va a hacerlos por mí.

Porque no entiendo las ecuaciones del olvido
porque no sé redactar tu adiós
porque solo escribo tu nombre en la pizarra porque solo
escucho
tu voz.
Porque fuiste la única persona por la que haría que le levantaran el castigo
para ponerme yo de cara
a la pared.

Caldero

Poned el carácter fuerte en el recipiente.
Preparad el caldo de cultivo a base de una educación que la oprima hasta cortar la respiración.
Añadid una pizca de mandatos morales que la cabreen en silencio,
y bastante rechazo a cada uno de sus amagos y manifestaciones de libertad personal.
Encended la rabia hasta que empiece a hervir.

Traicionadla.
Echadla al fuego.
Observad durante un tiempo cómo en vez de ablandarse se endurece.
Matadla, destrozadla, reducidla a cenizas. Dad el último paso de la receta.
Bruja recién hecha.

Ahora solo queda observar cómo resucita.

Puede que un día
tu mano estreche la mano,
tu boca bese la boca,
tus dedos acaricien los dedos,
tu vida se una a la vida,
tus ojos digan
                te quiero,
a una mujer, a la que yo miraré, mientras se despide de ti, una mañana
(y de mí, un amor),
desde la acera de enfrente.

✱ ✱ ✱

Quizá, si tú no te hubieras ido, yo no tendría que haber sufrido tanto.
O quizá, si tú no te hubieras ido, hoy sería una mierda de persona, con otra
mierda de persona. Me habrías convertido en quien nunca quise ser.
Y te habría descubierto, como nunca te habría querido descubrir.

Ya da igual, estoy bien. Los recuerdos permanecen, el dolor no.
Que te follen.

Y que no sea yo.

El paso

Del amor al odio, hay un paso, dicen.

Del amor al odio, hoy día y tristemente desde hace mucho:
Hay un golpe,
hay un insulto,
hay un «tú, ahí».
Hay un dolor, un placer negado o arrebatado.

Hay una muerte.

Del amor al odio, desde hace un tiempo y una historia:
Hay una violencia, romantizada, que nos estrangula.
Hay una rabia, en cada mujer
que aún respira.

✼ ✼ ✼

Todo es mejor así, o eso parece.

Ahora, vuelve a salir el sol,
se ha metido y cerrado con llave, todo lo que tenía que estar dentro
y ha salido, absolutamente, todo lo que tenía que salir.
He vuelto a sonreír por mí
y he vuelto a llorar solo por mí, también.
Así que sí.
Parece que todo es mejor así:

Sin ti,
pero conmigo.

–☆– –☆– –☆–

Después de un *jamás,*
a veces,
hay un *volverá a ocurrir* detrás, jugando a esconderse.

Y tú, la pagas.

–☆– –☆– –☆–

Ya no siento nada.
Es tan duro como cierto.
No siento nada.
Como cuando masticas un chicle y no tiene ya sabor,
como cuando aborreces un plato que te encantaba comer,
como cuando miras hacia atrás,
te atreves, y miras hacia atrás,
y comprendes:
que el chicle ya está duro
que el plato está de más
que la historia
solo la condimentabas
tú.

El libro de la estantería olvidada

Nacimos en un libro infantil, de esos que narran una frase grande, en letra arial, por página
donde vivíamos dibujados con palos y círculos, representando sentimientos.

Comenzaba así:
«Esta es la historia de Ella y Él. Ella era muy azul, fuerte pero frágil. Él era naranja y la quería con mucha mucha muuucha fuerza».
Pasamos páginas cada noche,
hasta que crecimos
y nos interesaron más otros géneros.
Es cierto que ahora follamos en nuevos capítulos
con otros como protagonistas.
Pero nos escribimos, y allí estamos,
en el libro que encuentras lleno de polvo cuando haces limpieza.

Gracias a la editorial de la vida,
fuimos una historia de niños
que jamás creció.

La leña

Al final, lo único que queda es qué hiciste cuando todos te miraban esperando
a que cedieras, a que no hicieras nada.
Lo único que resta es aquello que elegiste cuando te dijeron «estas son las opciones»,
no busques,
no imagines,
no vayas más allá,
no existen otras.

Al final, lo único que te define es haber contribuido, de alguna manera, a añadir
el viento
a prender la llama
a avivar el fuego
a ser la leña de la hoguera,
en la que ellos,
portadores de las antorchas de odio al brillo de lo diferente,
querrán quemarte.

Todo cobrará su sentido, el día que comprendas
que no era miedo a que me conocieras:

era miedo a que te conocieras tú.

✱ ✱ ✱

Hoy ha venido el martillo a decirme que se despide; que no trabaja en vano.

Que está harto de clavar y clavar y que después no sirva absolutamente de nada
todo el esfuerzo empleado.
Que sabe lo que hago cada noche al cerrar los ojos, que ve los agujeros.

Que cuando deje de sacar sus clavos
que cuando me digne, por fin,
a olvidar al primero,
le avise.

La espera

Todo sigue igual.
La gente espera que el domingo no acabe nunca.
El que trabaja sin contrato, que no le despidan el lunes.
En Galicia, que cese un poco el frío.
En Madrid, que los turistas aflojen.
Los turistas, que no acaben sus vacaciones.
Los que trabajan, que lleguen pronto.
La mujer, sus derechos.
Los niños, la Navidad.
Los comunistas, la dictadura del proletariado.
Los fascistas, que alguien se cargue a los comunistas.
Los capitalistas, que nadie nombre «asesinatos indirectos».
Los que esperan el desahucio, la Justicia.
La Justicia, que alguien la haga.
Los que sufren, que pare.
Los que son felices, que no se acabe.

Y yo,
que vuelvas.

Mi talón de Aquiles
es el momento en el que dejé
de ser el tuyo.

No importa lo que digas, hagas o consigas,
siempre habrá alguien que te odie, que te envidie,
que te condenará a la hoguera.

Utiliza el fuego. Sé una buena bruja.
Ensaya la risa *antemortem*.

Aprende a arder.

Recons-
trucción

Tengo la certeza
de que nos dejaremos
llenos de dudas.

La Tenia

El mendigo y el banquero sueñan con saciarse,
invadidos y enfermos los dos, del mismo organismo.

La voraz tenia solitaria, dicen, se instala en tu mente,
y te deja sin nada.
Y aun teniéndolo todo, te repite a los ojos, escaparate tras escaparate, sol tras sol,
jornada tras jornada, que nada nunca es suficiente.

Se trata de un endoparásito,
una tenia cuyo nombre científico es cada vez más fácil de pronunciar
por aquellos sin estudios.

Capitalismo, la llaman:

Sociedad y saciedad, las dos caras
de una moneda asesina.

El verdadero amor no muere.

Se mueren tus ganas de luchar.
Se mueren tus ganas de creer,
de avanzar junto a una mano,
de mirar junto a unos ojos,
de apostar por alguien.

En definitiva, cuando un amor acaba, no es el amor lo que se muere.
El entierro despide a alguien real, como protagonista, porque de un final, resucita
uno peor o mejor, pero nunca el mismo. La persona que eras desaparece.

Cuando un amor acaba,
es el muerto el que llora al muerto.

Cuando un amor acaba,
quien muere, a veces poco, a veces mucho,

eres tú.

*** *** ***

Todos
absolutamente
todos
pensaron que estaba loca.
Y entonces ella, automáticamente,
supo
que lo estaba haciendo bien.

El examen

Se está acabando la mujer como la entendíamos.

Lo está haciendo lentamente, pero con fuerza, como se gestan los cambios que aspiran a ser permanentes. Se está acabando porque hemos entendido que también nacimos para vivir. Que no servimos a nadie. Que podemos decir también que no y que las consecuencias de ello nos importan cada vez menos. Que no nos dan la gana muchas cosas. Que nos apetece mucho cagarnos en las consecuencias de nuestros actos. Que nos hemos preguntado demasiado toda la historia si era real lo de que existía un componente biológico-genético que nos impulsaba a dedicar nuestra vida a los demás, y hemos llegado a una conclusión: alguien se inventó esa mierda,

y no nos cae bien.

La vida no es para limpiar, para cuidar tú a todo aquel que esté en tu radio de deber de sumisión. La vida es para que la vivas tú, no para que otros disfruten de la tuya porque la des a la esclava tarea de hacer la de los demás más fácil. No hemos venido a planchar camisas ni a lavar calzoncillos. No hemos nacido para no elegir aquello para lo que hemos nacido, y vamos a hacer lo que queramos, a ser quien queramos, porque hemos entendido que nuestra vida depende de nosotras.

Así que, para toda aquella mujer que haya pensado alguna vez en si los demás aprobarían algo que iba a hacer o decir:

La vida no es un examen, no has venido a aprobarla. Has venido a vivirla.

Solo tienes que empezar.

Lo siento.
Es ontológicamente
lógicamente y
vitalmente imposible.

No me encontrarás en el mismo sitio donde me dejaste ir.

*✲ *✲ *✲

Llega el momento y lo sientes:

La realidad está ahí, tocando a tu puerta.
Lo que ha sucedido está ahí, tocando a tu puerta.
Y tú solo has pasado todo el tiempo detrás de la misma, en el suelo, tapándote los
oídos, como un niño que se tapa los ojos y cree que nadie le ve.

Hasta que decides, por fin:
Morirte.
Reconocerlo.

Mirar por la mirilla.

El ring

La vida me dio una paliza
cuando aquellas niñas me tiraron del pelo,
cuando rompí mis primeros zapatos favoritos,
cuando escupí aquel diente despidiéndome de mi niñez.

La vida me dio de hostias cuando perdí a quien me había enseñado a mirar antes
que a ver,
cuando me sentí mujer y sola por primera vez,
y cuando decidí dejar de querer sin querer dejar de hacerlo.

La vida me dio en todas las mejillas que enseñé
a todas y cada una de las mujeres que he sido
haciéndome sangrar la nariz, las encías y los sueños;
esperando el *knock out* definitivo.

La vida me dio una paliza y ese fue su peor error.
Porque me enseñó a golpear.
Porque me enseñó a resistir.
Y hoy:
Respiro, con nariz sangrante.
Grito, con encías inflamadas.
Esquivo cada golpe en cada sueño.

Y resisto cada impacto que recibo.

Carta breve al amor de mi vida

Querido:

Hoy empiezo una nueva.

La vas a querer

Cuando caigas en la verdad de que sus ojos veneran el movimiento de otros párpados.
Cuando le acaricien otros dedos en tus noches borracho bajo el colchón y en sus gemidos encima de otra cama.
Cuando beba para olvidar otras palabras
y otras mentiras.
Cuando la veas bailar, celebrando algo que ya no sabes qué es
pero la hace otra vez feliz.
Cuando recuerdes cómo su dedo índice tocaba tu labio inferior queriendo pintar de colores tus mentiras.
La vas a querer.
Al día ciento nueve,
a la noche veintiocho,
o a la borrachera diez.
En una tarde de abril no lluvioso pero de mil tormentas internas.
En un recuerdo real en un presente de sueños que recuerdas cada mañana.
En una sonrisa triste de desengaño que decía claramente «yo no quiero, pero adiós».
Al latido un millón del corazón roto al que no te paraste a escuchar, romperse.

La querrás, créeme.
La vas a querer casi lo mismo que ella lloró.

La vas a querer casi lo mismo que ella se habrá curado.

Puedes llegar a pensar que estar roto, como un jarrón que han tirado al suelo ya dos veces y cuyas piezas constituyen el símil de un puzle viejo, te presenta al mundo como algo lo suficientemente antiestético, amorfo, deforme, feo o incapaz; lo suficientemente inestable como para que todos aquellos que te miran no lleguen a despertar sus ganas de acercarse lo suficiente para observarte desde cerca.

Y no.

Lo que dicen tus grietas es que estás roto, efectivamente.

Y lo que dice el que estés roto es que eres lo suficientemente único, valiente, experimentado y maravilloso como para ser capaz de mirarte y sentirte hecho pedazos, recoger todas tus putas piezas, unirlas una a una, aceptar que jamás serás lo que fuiste cuando eras alguien nuevo, y volverte a poner

exactamente

donde

estabas,

enseñando muy capaz, todos tus golpes.

Querida chica del top negro

Hoy he asistido a un espectáculo de baile. Se trataba de una fiesta que una academia organiza todos los años, donde las chicas y los chicos que pertenecen a ella muestran lo que han aprendido durante el curso.

Canción número seis: unas chicas salen a bailar un ritmo actual. Van vestidas igual, todas con un pantalón tipo chándal de pitillo, un top negro de encaje y un cárdigan de estilo deportivo blanco encima, abierto. A una de las chicas, durante todo el transcurso del baile, unos cuatro minutos, se la nota incómoda. Está pasando, probablemente, por los cuatro minutos más incómodos y vergonzosos de su corta vida, y me cuesta entender cuál es la razón hasta que entiendo el patrón: cada dos, tres pasos, intenta tapar su top con el cárdigan. Tiene más pecho que las demás, obviamente se nota, y se siente incómoda. Muy incómoda. Se siente fatal. Hasta el punto de no sonreír.

Querida chica del top negro: no tienes por qué taparte. No es necesario. No es tu obligación. No te veías peor por enseñar más tus pechos que tus compañeras de academia. La gente que estaba sentada debajo del escenario, en el teatro donde actuabais, quizá no se había siquiera percatado. Quizá pensó que eras preciosa, o quizá te habría criticado igualmente por tu pelo, por tus piernas, por tu paso mal dado, por tu exceso de movimiento, por tu excesiva sensualidad. Por tu cara. Por tu maquillaje. Por tu forma de andar.

Querida chica del top negro: créeme, te entiendo. Sé que es difícil. Y sé lo complicado que es hacer el esfuerzo de no pensar en los pensamientos de los demás. Nos han educado así, a ambas. Nos han socializado así, a ambas. Por eso, y ojalá leas esto alguna vez, te pido por favor: no vuelvas a hacerlo, no tapes más. Porque si te tapas, las chicas que te estén mirando necesitarán taparse. Porque si nos tapamos, mostramos al mundo que no somos dignas de hacerlo, de descubrirnos tal cual somos. Mandamos el mensaje de que nuestra libertad es una opción que aquellos que tienen el bolígrafo pueden marcar en una casilla.

No te tapes más.

Porque si lo haces, si te ocultas bajo tu vergüenza, bajo el yugo de la decencia, la sociedad seguirá ocultándote a ti. A mí. El mundo seguirá ocultándonos a todas. Si alguna vez lees esto, si alguna vez tomas la decisión, quiero que sepas *chica del top negro:*
Estoy aquí, abajo, sentada. Estoy contigo. No voy a juzgarte.
No es el momento de juzgarnos.

Es el momento de que tú bailes. Es el momento de que dejes de taparte.
Y es el momento de que yo te aplauda.

Enamórate

Bebemos para olvidar. Escribimos para olvidar. Lloramos para olvidar. Viajamos para olvidar. Bailamos para olvidar. Follamos para olvidar. Nos vamos para olvidar. Descubrimos para olvidar.
Todo se resume en una premisa:
Si pudiéramos evitar enamorarnos, podríamos evitar olvidar.
No podemos.
O a lo mejor, no queremos.
A lo mejor nos gusta sentir cómo somos
así de gilipollas.
A lo mejor si no hubieras sido así de gilipollas, no habrías bebido escrito llorado bailado follado viajado huido y descubierto.

No me hace falta hacer un ningún resumen de lo que pretendo decirte, solo necesito un imperativo:

Enamórate.

✳ ✳ ✳

Has perdido.
Ya no necesito reír la última, para reír mejor.

Mujer, nunca te mueras

Que nadie calle tu voz
gritando que no pueden decirte cómo de alto puedes hacerlo.

Que no mantengan tus ganas de quererte dormidas
haciéndote pensar que es pecado despertarlas.

Que no te entierren bajo la hierba
del deber y la obediencia, que crece con el riego de quien te aprovecha
y te enterrará hasta hacerte invisible.

Que no alarguen tu falda hasta las rodillas,
los que quieren que vivas con ellas
hincadas en el suelo.

Que no te hagan cavar tu tumba con tu propia fuerza
y que te tapes la boca con las vendas, con las que deberías unir tus heridas,
y que vivas para que otros disfruten de la existencia.

Mujer, nunca te mueras.

Antes que te maten luchando
que te mueras tú callando.
Dudando si te mereces.

Bienvenida

Entonces se dio cuenta de que solo esperas a alguien hasta que vuelves tú mismo.

Se acercó, como quien lo hace a un detonador, a punto de cortar el cable rojo.

Tocó con su puño, despacio y fuerte, tres veces:

y volvió a abrirse, a sí misma,

la puerta.

Olor a estúpido nuevo

Todas vuestras etiquetas,
todas aquellas etiquetas que marcaban mi forma de vivir,
mi composición, la manera de devolverme a modo limpio e inmaculado como si
nunca hubiera jugado con el barro.
Todas aquellas etiquetas, que escondían el botón que remendar, si alguna vez
respiraba demasiado como para que saltara el que oprimía:
Me picaron.
Me molestaron.
Me marcaron la piel.
Me hicieron sangrar, estar continuamente pendiente:
«Estamos aquí, desde tu inicio, no hagas ningún movimiento extraño».

El insoportable picor,
la picazón de fábrica,
el recordatorio de nacimiento,
duró y me erosionó hasta aquel día en el que decidí, de una vez, hacer la pregunta:

¿Dónde están las tijeras?

Prender fuego a aquello que te ha hecho daño, al igual que hacerlo con aquello a lo que has querido o con aquello a lo que te hizo una vez feliz; prenderle fuego a lo que te dicen que debes aspirar a convertirte y quedarte a mirar cómo arde, liberándote, o pensando que aquello jamás volverá a ser algo más que ceniza, es, en última instancia, un acto de valentía y, sobre todo, una oportunidad de renacimiento.

La vida te prenderá fuego a muchas etapas, a muchas historias, a muchas otras cosas. A veces te dejará solo, rodeado de escombros y con una peste insoportable a que todo lo que no seas tú es pasado y está muerto. Otras veces te ayudará a acabar con aquello que te estaba convirtiendo en una persona iceberg, fría y con cien mil sentimientos y sueños bajo la superficie. Quizá te dé la cerilla a escondidas y te diga dónde hacer chispa y prender llama. Muchas veces explotarás tú mismo o explotará todo a tu alrededor, y no serás capaz de percibir el olor a gas ni de correr para salvar lo que no quieres que se queme.

Y cuando todo eso ocurra, cuando las cenizas de aquello a lo que tanto querías ya estén volando y se te escapen, cuando veas que después de todo ese fuego no queda nada detrás, cuando hayas acabado con todo lo que se supone que debías ser y no sepas por dónde empezar a ser tú mismo, entiende que la vida no se entiende sin reconstrucción, la vida no se entiende sin capacidad de levantarse, no se concibe sin momentos de superación.

Recuerda: eso mismo es vivir. Y tal vez te encuentres en ese momento épico de la película donde caminas a cámara lenta y explosiona el lugar donde te encontrabas hacía unos momentos. Donde fuiste tú hacía solo un instante. Donde no te soportabas o donde eras feliz. Pero todo aquello que necesitas para volver a empezar solo consta, realmente, de repetir algo muy sencillo:

«Puedes hacerlo». Créeme.

Puedes hacerlo.

Empieza a arder.

Agradecimientos

A mis padres, por hacerme libre. A mi hermana, por mi nombre. A la sociedad, por intentarlo. Y a todos aquellos que alguna vez nos dijeron: «Eso no podrás hacerlo, es una locura», «Jamás llegarás a conseguirlo». Tranquilos, no me he olvidado de vosotros:

Nuestra vida será nuestro propio puño en la mesa, nuestro *knock out* definitivo, la chica del top negro que decide arrancárselo en mitad de la función, la que le aplaude, la mujer encadenada en la entrada de vuestro circo, la niña de la falda, la niña que enciende las cerillas, la niña que coge las tijeras y corta la etiqueta; nuestra granada, nuestro incendio, nuestra lucha.

Hemos decidido arder en un mundo que vosotros decidisteis rociar con gasolina. Y absolutamente todo aquello que jamás podríamos hacer o ser, y vamos a hacer y a ser, va por vosotros. Este es, sin duda, el mejor agradecimiento:

Gracias por los inflamables.
Gracias por los indomables.